CATALOGUE

D'UN JOLI CHOIX

De Tableaux

ANCIENS ET MODERNES.

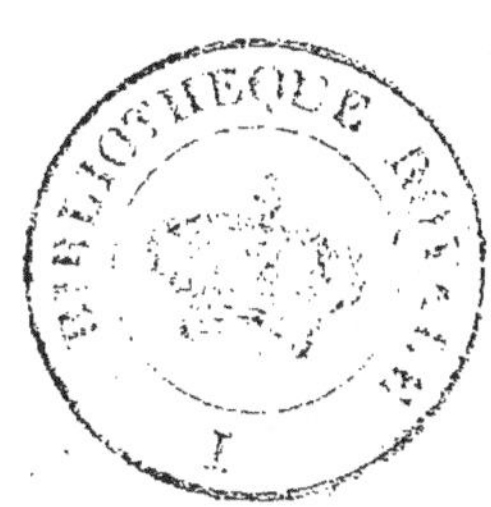

IMPRIMERIE DE DEZAUCHE,

FAUB. MONTMARTRE, N° 11.

CATALOGUE

D'UN JOLI CHOIX

DE TABLEAUX

ANCIENS ET MODERNES,

PROVENANT

Du Cabinet de MM. Alph. Giroux

DONT LA VENTE AURA LIEU LES LUNDI 16 ET MARDI
17 DÉCEMBRE 1833, MATIN ET SOIR,

DANS LA SALLE DE VENTE, PASSAGE VIVIENNE,
N. 70.

Exposition publique le dimanche 15,

DE MIDI A QUATRE HEURES.

Le Catalogue se distribue :

Chez Mᵉ PETIT, Commissaire-Priseur, boulevart Poissonnière, n 14 ;
Et M. HENRY, Expert des Musées royaux, rue de Cléry, n. 21.

PARIS, DÉCEMBRE 1833.

ABRÉVIATIONS.

TAB. . . . . Tableau.
FIG. . . . . Figures.
PAY. . . . . Paysage.
ARCH. Architecture.
B. . . . . Bois.
T. . . . . Toile.
C. . . . . Cuivre.

NOTA. Les dimensions sont indiquées par pouces et par lignes ; ceux-là sont séparés de celles-ci par un seul tiret : les deux tirets séparent la hauteur de la largeur, et la hauteur précède toujours la largeur.

Avertissement.

—

Quelques personnes pourront être surprises que nous nous soyons chargés de diriger une vente de tableaux dans une salle où nous n'avons encore jamais paru ; peut-être même y en aura-t-il qui craindront, pour nous, les effets de l'exemple, et, pour elles, les dangers qu'elles y ont courus, et auxquels elles n'ont pas toutes échappé. Que ces personnes se rassurent, elles nous trouveront rue Vivienne, place de la Bourse, rue de Cléry, et dans quelque autre endroit que nous soyons appelés, ce que nous avons été à toutes les époques de notre longue carrière, c'est-à-dire aussi disposés à protéger les intérêts des amateurs adjudicataires que ceux des vendeurs. Il est un milieu équitable dans les transactions mercantiles : c'est lorsque l'acheteur et le vendeur ont également lieu d'être satisfaits de leur marché. Un courtier de commerce ferait une chose illicite et par conséquent condamnable, si, agissant pour un homme qui ne serait pas instruit du prix courant de telle ou telle marchandise, il la lui faisait acheter le double ou le triple de sa valeur. Sommes-nous donc dans une position différente du cour-

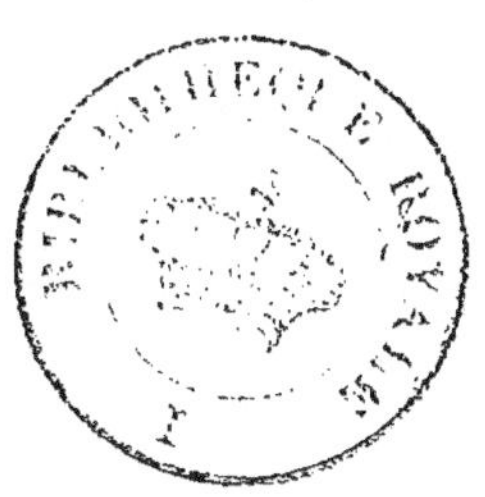

tier, et ses principes de loyauté et d'honneur ne doivent-ils pas être les nôtres?

Nous le répétons, que les amateurs se rassurent, la contagion ne nous gagnera pas. Dans la vente que nous leur annonçons, aucun d'eux ne sera trompé, aucun n'achètera une copie pour un original, une croûte au prix d'un bon tableau.

Une autre assurance que nous leur devons, c'est que tous les tableaux inscrits dans ce Catalogue proviennent de la maison de MM. ALPHONSE GIROUX, et qu'elle n'en a résolu la vente qu'avec l'intention de les abandonner au libre cours des enchères.

Pour ce qui est des éloges usités, nous nous en sommes tout-à-fait abstenus : aucun artiste vivant n'aura à se plaindre du trop ou du trop peu ; aucun amateur ne soupçonnera que nous ayons voulu l'influencer.

Catalogue

D'UN JOLI CHOIX

DE TABLEAUX

ANCIENS ET MODERNES.

TABLEAUX ANCIENS.

1. BAROCHE (Frédéric). —Saint François d'Assises retiré dans une grotte et en extase devant une croix rustique sur laquelle est un crucifix. Transporté d'amour pour le Sauveur, il se sent frappé des mêmes stigmates, et les clous qui ont percé les mains du Christ se reproduisent dans les siennes. Une échappée de paysage laisse voir l'humble ermitage du saint.

Tab. — Fig. — T.— 33 = 27 — 6.

2. BÉNARD.—Un pêcheur aborde devant une habitation riveraine pour y vendre du poisson à une servante qui le lui marchande.

Tab.—Fig. et Pay.— T.— 11 — 3 = 14 — 9.

3. BOUCHER (François).—Vénus, couchée mollement sur une conque marine, et protégée contre le

zéphir par le voile de l'Amour, se promène sur les eaux, et reçoit des naïades qui l'escortent des présens composés de perles et de coraux.

Tab. — Fig. — T. — 26 = 44.

4. BOUCHER. — Les restes réparés d'un petit château isolé sur le bord d'une rivière ont été transformés en bâtiment de ferme. On y arrive par un pont de bois qui n'est que la continuation d'un pont cassé en pierres sur lequel passent un pâtre et ses bestiaux ; la fermière lave une hottée de linge, tandis que son enfant joue sur le pont avec le chien du logis.

Tab. — Pay. — T. — 22 = 30.

5. CIROFERRI. — La Vierge et saint Joseph ont présenté l'Enfant-Jésus au Temple. Ils se tiennent en prières et à l'écart durant la cérémonie de la circoncision. Des anges couronnent cette composition.

Tab. — Fig. — T. — 36 = 27.

6. LE MÊME. — L'immaculée conception de la Vierge. Pleine de candeur et de modestie, la tête entourée de l'auréole céleste, Marie foule aux pieds le démon, et reçoit la bénédiction de Dieu.

Tab. — Fig. — T. — 36 = 27.

7. COLOMBEL (NICOLAS). — Une bacchante enivrée est soutenue par un vieux satyre qui l'invite à se joindre à ses compagnes pour former une bacchanale. Près d'eux est un Bacchus qui exprime sur la tête du vieillard le jus d'une grappe de raisin. Un

enfant se joue sur la nymphe. Composition allégorique offrant l'idée des quatre âges.

Tab. — Fig. — T. — 17 = 24.

8. CUYP (Gerritz). — Une femme hollandaise disant son chapelet.

Tab. — Fig. — B. — 24 = 18 — 6.

9. DEVOOS (Martin). — Saint Jérôme en méditation devant un livre, un crucifix, un chapelet et une tête de mort.

Tab. — Fig. — B. — 27 = 19 — 6.

10. DOMINIQUIN (d'après le). — Le ravissement de saint Paul. L'évangéliste, soutenu par des anges, s'élève majestueusement au ciel, vers lequel il tend les bras. Sa figure est rayonnante d'espoir et de béatitude.

Tab. — Fig. — B. — 19 — 8 = 15.

11. DROGSLOOT. — Intérieur d'un village flamand où le peintre a représenté la parabole du bon riche distribuant des subsistances aux pauvres. On distingue çà et là sur divers plans des groupes allégoriques.

Tab. — Fig. — B. — 28 = 39.

12. FRAGONARD (Honoré). — Une jeune femme à son réveil joue avec un jeune chien auquel elle donne des gimblettes.

Tab. — Fig. — T. — 24 = 30.

13. GAROFALO (genre de). — L'Enfant-Jésus

sur les genoux de sa mère reçoit les hommages des religieux. Sainte Anne est présente à cette scène.

Tab. — *Fig.* — *T.* — 19 = 12 — 6.

14. GREUZE (J.-B.). —Tête d'enfant (esquisse).

Tab. — *Fig.* — *T.* — 15 = 12.

15. LE MÊME. — Tête d'homme, dite le musicien. Portrait.

Tab. — *Fig.* — *B.* — 20 = 16 — 9.

16. LARGILLIÈRE (NICOLAS). — Portrait de La-bruyère.

Tab. — *Fig.* — *T.* — 26 — 6 = 22 — 6.

17. L'ÉPICIÉ (NICOLAS-BERNARD). — Tête d'ado-lescent.

Tab. — *Fig.* — *T.* — 16 — 6 = 14 — 3.

18. LUCATELLI (ANDRÉ). — Assis près du puits où la Samaritaine est venue prendre de l'eau, Jésus entretient cette pécheresse, et la convertit par la force de sa morale évangélique. Quelques apôtres se tiennent à l'écart.

Tab. — *Pay.* et *fig.* — *T.* — 12 = 14 — 6.

19. LUINI (BERNARD). — Buste du Christ cou-ronné d'épines. L'expression de douceur résignée qu'exprime la figure du Sauveur contraste avec le sang qui la colore et qu'il répand pour la rédemption des hommes.

Tab. — *Fig.* — *B.* — 13 = 9.

20. MIGNARD (PIERRE). — Portrait de Louis XV enfant.

Tab. ovale. — *Fig.* — *T.* — 23 — 6 = 19 — 6

21. MOILLON (Louise). — Fruits divers sur une table de marbre. — Un singe s'approche d'une corbeille de framboises dont il mange une partie.

Tab. — B. — 19 = 27.

22. MOREAU (Louis). — Site pittoresque traversé par un grand fleuve et flanqué de rochers. Effet de clair de lune sous un ciel nuageux.

Tab. — Pay. — T. — 8 = 11.

23. OUDRY (Jean-Baptiste). — Un chien d'arrêt guettant deux faisans.

Tab. — Pay. — T. — 22 = 30.

24. PORBUS fils. — *Joannis Valellœ, Melitensium magister*, 1594. Portrait.

Tab. ovale. — Fig. — T. — 22 = 18.

25. PORDENONE. — Une femme romaine tenant le casque de son époux.

Tab. — Fig. — T. — 35 = 30.

26. RIBERA (Joseph). — Saint Jérôme en prières.

Tab. — Fig. — T. — 36 = 30 — 6.

27. RIGAUD (Hyacinthe). — Portrait en pied du cardinal Dubois.

Tab. — Fig. — B. — 15 = 12.

28. ROESER. — Paysage baigné par une rivière au bord de laquelle un pâtre garde deux moutons à l'ombre d'une énorme roche.

Tab. — Pay. — T. — 12 = 16.

29. ROESER. — Un couple villageois se repose sur les bords escarpés d'un fleuve et à l'ombre d'une masse de roches boisées.

Tab. — Pay. — T. — 12 = 16.

30. ROMANELLI (Français). — Renaud et Armide entourés d'Amours et assis au pied de la fontaine enchantée.

Tab. — Fig. — B. — 19 = 22.

31. Le même. — Saint Pierre recevant de Jésus-Christ, en présence des apôtres, les clés du paradis.

Tab. — Fig. — C. — 11 — 6 = 15 — 3.

32. SOLIMÈNE (Français). — La Vierge entre deux anges tenant l'Enfant-Jésus dans ses bras.

Tab. — Fig. — T. — 18 = 13 — 6.

33. STELLA (Jacques). — Deux tableaux peints des deux côtés représentant, l'un le portrait du Christ, et Jésus trouvé parmi les docteurs de la loi ; l'autre, le portrait de la Vierge, et l'adoration des bergers.

Tab. — Fig. — C. — 6 = 4.

34. VANAELST (Guillaume) — Un fruit et deux perdrix sur un socle d'architecture.

Tab. — Nature morte. — T. — 14 = 17.

35. VANGOYEN (Jean). — Un canal hollandais parcouru par des barques de pêcheurs. Un groupe de bateliers sur la rive tirent à eux un énorme filet qui paraît être bien garni.

Tab. — Pay. — B. — 11 — 6 = 19.

36. VAROTARI (Dario). — Portrait du pape
Sixte-Quint.

Tab. — Fig. — T. — 23 = 19.

37. VERMEULEN. — Vue d'un canal de Hollande
bordé par un chemin tournant parcouru par une
laitière en charrette. Quelques moulins ornent les
rives, et des habitations rustiques s'élèvent çà et là.

Tab. — Pay. — B. — 11 — 8 = 10 — 7.

38 *. VERNET (Joseph). — Scène de pêcheurs
au bord de la mer; l'un en retire son filet abondam-
ment pourvu. Les flots reflètent les premiers rayons
de l'astre de la nuit, confondus avec le crépuscule
du soir.

Tab. — Mar. — T. — 6 — 9 = 10 — 9.

TABLEAUX MODERNES.

39 *. ADAM (Victor). — Intérieur d'écurie où
des rouliers pansent leurs chevaux. L'un d'eux a
quitté sa besogne pour lutiner la servante de l'auberge, qui se défend de son mieux. Cette scène est
entendue de la maîtresse du logis, qui écoute à la
porte entr'ouverte, et se dispose à mettre fin à l'a-
moureux différend.

Tab. — Fig. — T. — 12 = 15.

40 *. AUZOU (Mme). — Dans un salon d'étude décoré d'une bibliothèque, un vieillard, assis dans un grand fauteuil, se livre à l'éducation de son petit-fils.

Tab. — Fig. — T. — 20 = 17.

41 *. BEHAGHEL (Théophile). — Intérieur d'une chapelle dédiée à Notre-Dame-de-Bon-Secours. Une jeune villageoise, avant d'aller aux champs, s'y est agenouillée pour faire une fervente prière.

Tab. — Arch. — T. — 15 = 12.

42. BERTHAULT. — Le soleil du midi, caché par des nuages, répand des rayons obliques sur un site d'Italie orné de fabriques et de plantations arrosées par une rivière. Quelques figures animent les premier et deuxième plans.

Tab. — Pay. — T. — 9 = 12.

43 *. BERTIN (Jean-Victor). — Site d'Italie. Trois jeunes filles, qui sont venues prendre de l'eau à une fontaine, écoutent avec plaisir un pâtre qui joue du hautbois en gardant un troupeau de chèvres.

Tab. — Pay. — T. — 12 = 17.

44 *. BIDAULT. — Un champ de bataille après un combat. Le général se repose à l'ombre d'un chêne sous lequel il a déposé son casque et attaché son cheval. Ses officiers se tiennent à quelque distance.

Tab. — Pay. — B. — 7 — 6 = 9 — 6.

45 *. Le même. — Vue de Tivoli. Site pittoresque au milieu d'une profonde vallée arrosée par

un torrent qui paraît alimenté par les eaux d'une cascade naturelle s'échappant du sommet d'un rocher sourcilleux décoré d'une fabrique.

Tab. — Pay. — T. — 13 = 9 — 9.

46. BLANCHARD. — Un monastère au milieu d'un site montagneux et boisé dont les hauteurs percent les nues. Un paysan guide dans la vallée un lourd chariot de fourrage traîné par des bœufs.

Tab. — Pay. — T. — 14 = 18.

47. BOILLY. — Une jeune paysanne de la Suisse tresse une guirlande de fleurs champêtres en menant sa vache dans la vallée.

Tab. — Fig. — T. — 8 = 9 — 8.

48 *. BOISSELIER (Antoine-Félix). — Paysage italien décoré d'une petite chapelle dédiée à la Vierge et adossée à un roc.

Tab. — Pay. — T. — 13 = 17.

49 *. BOSIO (Jean). — Chapelle d'un couvent attenant au chœur de l'église; des sœurs y sont en prières. Une jeune demoiselle, agenouillée devant une fenêtre ouverte, reçoit la communion du prêtre qui a quitté l'autel pour venir lui présenter l'hostie.

Tab. — Fig. — T. — 12 = 9.

50 *. BOURGEOIS (F.-F.-C.). — Grand paysage orné de fabriques et de chutes d'eau; un chemin le traverse; on y voit un chariot traîné par des bœufs.

Bistre. — Pay. — 15 — 9 = 20 — 8.

51. BOURGEOTS. — Station italienne au milieu d'un site boisé. Un pèlerin, assis sur une roche, y dit son chapelet ; une paysanne se tient à l'entrée de l'oratorio.

Tab. — Pay. — T. — 11 = 8 — 6.

52 *. BOUTON (Charles-Marie). — Intérieur d'une antique chapelle, au-dessous du sol, éclairée par un demi-jour venant du haut d'un escalier qui donne sur des jardins. Un religieux s'approche d'un tombeau élevé à la mémoire du fondateur de son ordre.

Tab. — Arch. — T. — 15 = 12.

53 *. BRUANDET (Éléazar). — Issue d'un bois sur le bord d'une rivière, avec figures de villageois.

Tab. — Pay. — T. — 12 = 15.

54. BURTEL. — Paysage italien boisé et orné de jolis lointains ; il est baigné par un ruisseau que passent à gué un voyageur et une paysanne montée sur un âne et précédée d'une vache et d'un chien. Plus loin, sur l'autre rive, un jeune paysan demande sa route à la maîtresse d'une petite habitation.

Tab. — Pay. — T. — 14 = 19 — 9.

55. DECAISNE (Henri). — Une pauvre mère malade presse son dernier enfant sur son sein, et serre la main de son fils qui l'examine avec le sentiment d'une tristesse profonde.

Tab. — Fig. — T. — 17 = 20 — 6.

56. DELACROIX (Eugène). — Un musulman assis près de ses équipages de cavalerie et tenant une arquebuse.

Tab. — Fig. — T. — 15 = 12.

57. DELATTRE. — Intérieur d'une écurie habitée par un cheval de trait, deux moutons et deux chèvres. Un petit palfrenier chargé d'un sac vient les panser.

Tab. — Anim. — T. — 12 = 15.

58 *. DEMARNE (Jean-Louis). — Site villageois d'un aspect agréable et orné de jolis lointains baignés par une rivière. A droite, des vaches paissent dans un pré bordé d'une haie vive. Sur la route qui occupe le milieu du premier plan, un vieux berger chasse un troupeau de moutons devant une paysanne assise sur un tronc d'arbre. Plus loin, on remarque un petit pont conduisant à une tourelle attenant à un moulin à eau.

Tab. — Pay. — T. — 9 = 12.

59 *. DESMOULINS (A.). — Un jour que Rubens, dans son atelier, achevait l'ébauche d'un portrait en pied, un vieil alchimiste vint le trouver pour lui annoncer qu'il avait enfin découvert le moyen de faire de l'or. « *Et moi aussi, je l'ai trouvé,* dit Rubens en montrant sa palette ; *le voici, je n'en connais pas d'autres.* »

Tab. — Fig. — T. — 14 = 17.

60 *. Le même. — A genoux devant une cha-

pelle dédiée à la Vierge, et sur l'autel de laquelle elle vient d'allumer un cierge, une jeune fille supplie la reine du ciel de conserver les jours de sa mère qui l'accompagne, et dont elle lui montre l'état défaillant.

Tab. — Fig. — T. — 14 = 17.

61. DESPOIS (A.-J.-A.). — Intérieur d'une écurie d'auberge que le charretier nettoie. Des poules y cherchent leur nourriture.

Tab. — Arch. — T. — 12 = 9.

62. LE MÊME. — Vue du moulin de Moret, dominé par le clocher de l'église; une femme y lave du linge.

Tab. — Arch. — T. — 14 = 17.

63 *. DOIX. — Site d'Italie au soleil couchant. On y remarque les ruines d'un temple au pied duquel coule un ruisseau qui serpente et promène ses eaux dans une prairie où paissent des bestiaux.

Tab. — Pay. — T. — 12 = 15.

64. DRULIN (ANTOINE).—Petit paysage riant, traversé par un bras de rivière sur lequel est un pont d'une arche en pierres décoré d'une croix rurale; un couple villageois cause sur le parapet; une voiture de roulage y passe. Les montagnes qui partent de la droite voilent en partie l'horizon nuageux.

Tab. — Pay. — T. — 9 = 12.

65. DUCLAUX (DE LYON). — Deux chaumières isolées sur le bord d'un champ. La ménagère, portant

son enfant et suivie d'une chèvre blanche, mène boire ses vaches, tandis que le cultivateur dispose sa charrette pour partir à la ville voisine.

Tab. — Pay. — T. — 12 = 15.

66 *. DUNOUY (A.-H.). — Riche campagne de Rome, bornée à l'horizon par des montagnes au pied desquelles coule une rivière qui vient en serpentant baigner les murs d'un village et les bords d'une prairie où paissent des bestiaux.

Tab. — Pay. — T. — 13 — 6 = 18 — 6.

67 *. DUNOUY. — Vue intérieure du parc d'Ermenonville. Une jeune dame et son cavalier adressent la parole à un pâtre qui garde ses bestiaux sur le bord d'un étang.

Tab. — Pay. — B. — 18 = 23.

68. DUPEUX (Pierre). — Vue de Paris prise sous l'arche du Petit-Pont, d'où l'on aperçoit celui de l'Hôtel-Dieu. Des pêcheurs et des blanchisseuses animent ce tableau.

Tab. — Arch. — T. — 12 = 15.

69. Le même. — Intérieur de la cour de la halle aux cuirs de Paris. Le concierge la balaie.

Tab. — Arch. — T. — 12 = 9.

70. DUPONT (Alphonse). — Grande cascade italienne dont les eaux, qui s'échappent d'un aqueduc, font irruption à travers d'énormes rochers couverts

de végétation, et tombent dans une ravine profonde.

Tab. — Pay. — T. — 17 = 13 — 6.

71 *. **DUVAL-LE-CAMUS.** — Une villageoise revenant de la ville s'est arrêtée et assise sur les débris d'une masure en ruines; elle tient sur ses genoux son enfant endormi, et paraît respecter son sommeil en gardant une attentive immobilité.

Tab. — Fig. — T. — 12 = 9.

72 *. **ENFANTIN.** — Vue des environs de Corbeil. Un chasseur y couche en joue le canard sauvage qui échappe au plomb meurtrier. Le chien d'arrêt se glisse parmi les roseaux. (Figures de M. Duval-le-Camus.)

Tab. — Pay. — T. — 11 — 2 = 15.

73 *. **ESCHARD.** — Vallée riante où s'élève une fabrique; un ruisseau de source coule auprès. Composition ornée de figures et d'animaux.

Tab. — Pay. — T. — 17 = 20 — 6.

74. **FAURE** (Louis). — Vue extérieure d'une ferme à l'entrée d'un bourg. Une fille de basse-cour trait une vache sur le bord du chemin. A gauche un petit pâtre conduit ses bestiaux dans la prairie voisine, tandis qu'un charretier rentre une voiture de paille.

Tab. — Pay. — T. — 17 = 14.

75. LE MÊME. — Une cascade se précipite du haut d'un rocher sur le penchant d'un coteau à travers

un bois touffu. Les eaux qui font irruption sur le premier plan ont brisé la moitié d'un pont en briques sur les restes duquel se reposent des villageois. Au lointain, un laboureur guide sa charrue dans une vaste plaine.

Tab. — Pay. — T. — 12 — 6 = 19 — 4.

76. FAURE. — Une ruine sur le bord d'un torrent couvert d'un pont d'une arche sur lequel passent des bestiaux. Vue prise dans les Alpes.

Tab. — Pay. — T. — 12 = 15.

77. FINART (Dieudonné). — Cavalerie turque sortant d'un fort pour aller promener les chevaux dans la plaine.

Tab. — Fig. et Arch. — T. — 8 = 10.

78 *. FORBIN (Le comte de). — Trois musulmans tiennent conseil dans l'intérieur d'une mosquée.

Tab. — Arch. — B. — 10 — 6 = 9.

79. FOURNIER DESORMES. — Paysage boisé sur tous les points et baigné par une rivière coupée par un îlot. Trois vaches y paissent gardées par une femme. On distingue au-delà le chaume de deux habitations rustiques.

Tab. — Pay. — T. — 12 = 15.

80 *. FRAGONARD (Alexandre Evariste).—Un aveugle, guidé par son chien, tend son chapeau à la fenêtre d'un rez-de-chaussée. La camériste, qui s'y trouve avec un enfant en bas âge, fait l'aumône au

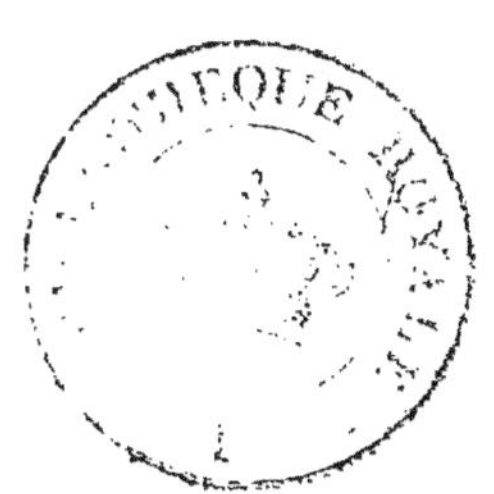

pauvre par la main de l'enfant, à qui elle donne une première leçon d'humanité.

Tab. — Fig. — T. — 15 = 12.

81 *. GARNEREY (Louis). — Port de mer où des bâtimens sont en charge et à la remorque. On distingue à droite une église bâtie sur une éminence, et où les passagers vont prier pour obtenir du ciel une heureuse traversée.

Tab. — Mar. — T. — 12 = 15.

82. GRANET. — Vue de l'arc de Dolabella, et dans le fond le temple de Bacchus.

Tab. — Arch. — T. — 13 — 6 = 10.

83. Le même. — Une porte des trophées de Marius et une portion de l'aquéduc de Claude, près de Porta-Majora.

Tab. — Pay. — T. — 13 — 6 = 10.

84 *. Le même. — Vue d'une forteresse par un temps de neige.

Tab. — Arch. et Pay. — T. — 13 = 10.

85. GUDIN (Louis). — Près de partir pour la Terre-Sainte, un chevalier trouvère, assis au pied d'un chêne, fait ses adieux à la dame de ses pensées. Celle-ci pleure sur son sein, et ressent déjà toutes les peines de l'absence.

Tab. — Fig. et Pay. — T. — 7 = 9.

86. Le même. — Un jeune page récemment armé chevalier donne une leçon de guitare à une jeune

damoiselle, dans l'intérieur d'un cabinet gothique.

Tab. — Fig. et Arch. — T. — 12 = 8 — 9.

87. JOLIVARD (André). — Étude d'arbres prise dans un fourré sur la lisière d'un bois. Site orné de quelques figures de pâtres et de villageois.

Tab. — Pay. — T. — 17 = 12 — 9.

88. LAURENT (Mᶜˡˡᵉ Emma).—Une jeune fille qui est venue prendre de l'eau à une fontaine publique s'est assise sur le bord de l'auge et prend plaisir à considérer une rose qui lui paraît bien chère ; sa cruche est déjà pleine, et sa fleur seule l'occupe.

Tab. — Fig. — T. — 15 = 12.

89. LAVAUDEN. — Une jeune cuisinière épluchant des légumes vient de recevoir et de lire une lettre de son voltigeur. Transportée de plaisir, le couteau lui échappe des mains ; elle médite déjà sa réponse.

Tab. — Fig. — T. — 12 = 9.

90. LECOEUR (J.-B.). — Deux amans gravissent un rocher à pic pour échapper aux persécutions d'un châtelain rival. Le jeune chevalier, portant sa dame, se soutient à peine à la pointe d'une roche et sur le bord d'un gouffre profond.

Tab. — Fig. — T. — 13 = 10.

91. Le même. — Une demoiselle de qualité s'est retirée dans un cabinet pour y lire à la dérobée une lettre d'amour. Sa mère, qui entre, lui cause un sen-

timent d'effroi ; elle froisse la lettre dans sa main.

Tab. — Fig. — T. — 13 = 10.

92. LECOEUR. — Sauvée d'un naufrage, une nombreuse famille s'étant réfugiée dans les ruines d'une vieille chapelle dédiée à la Vierge, y adresse ses actions de grâces.

Tab. — Fig. et Arch. — T. — 12 = 15.

93 *. Le même. — Jehan de Saintré aux genoux de la dame des Belles-Cousines, qui lui passe la main sous le menton. Cette scène a lieu sous un dais rehaussé d'une riche draperie à frange d'or.

Tab. — Fig. — T. — 12 = 9.

94 *. Le même. — Une pauvre mère, entourée d'une nombreuse famille et assise sur un tronc d'arbre à la porte d'un temple, expose à la pitié publique une misère que la rigueur de la saison rend encore plus affreuse. Elle est secourue par une dame de qualité dont on aperçoit à peine l'équipage au milieu du brouillard.

Tab. — Fig. — T. — 15 = 12.

95 *. Le même. — Un cuirassier français au sein de sa famille vient d'entendre le signal du départ. Il s'arrache des bras de sa femme éplorée, qui, pour le retenir, lui présente en vain son enfant que peut-être il ne reverra plus.

Tab. — Fig. — T. — 15 = 12.

96 *. Le même. — Intérieur d'un oratoire. Une

religieuse y donne une leçon de dessin à une jeune pensionnaire de sa communauté.

Tab. — Fig. — T. — 17 = 14.

97. LEDOUX (Melle PHILIBERTE). — Buste d'un enfant jouant avec un polichinel.

Tab. — Fig. — T. — 17 = 14.

98 *. LA MÊME. — Une jeune vierge ; elle tient un livre d'une main et écarte son voile de l'autre.

Tab. — Fig. — T. — 15 = 12.

99 *. LA MÊME. — Buste d'une jeune fille vue de trois quarts, dont la tête est inclinée et les yeux tournés vers le ciel.

Tab. — Fig. — T. — 14 — 6 = 11 — 8.

100. LEGRAND (Melle JENNY). — Une petite fille dérobe une pomme dans le panier d'une revendeuse qui s'est endormie au retour du marché.

Tab. — Fig. — T. — 12 = 15.

101. LA MÊME. — Intérieur d'un atelier de serrurerie. Un enfant agite le soufflet de la forge tandis que son maître menace un chien avec une pince qu'il vient de faire rougir au feu.

Tab. — Fig. — T. — 12 = 15.

102 *. LA MÊME. — Intérieur rustique de l'habitation d'une fermière marchande. Placée sous l'auvent de son logis, la ménagère offre un bouquet de cerises à un jeune enfant qui le convoitait, tandis qu'une servante, appuyée sur son panier.

attend la livraison des achats qu'elle est venue faire. Un vieillard, assis sur le premier plan, fume sa pipe.

Tab. — Fig. — T. — 17 = 20.

103. LEMERCIER (Charles-Nicolas). — Une cabane de pêcheurs prise aux abords de la Seine. Le marinier vient d'apporter du poisson que sa femme lave dans un baquet. Des filets sèchent sur une vieille barque en réparation.

Tab. — Pay. — T. — 12 = 15.

104. Le même. — Petite ferme sur le penchant d'un coteau. La maîtresse du logis donne à manger à ses poules, et la fille de ferme, gravissant une vaste pelouse, mène aux champs la vache et les moutons.

Tab. — Pay. — T. — 12 = 15.

105 *. LEMIRE aîné. — Joseph, dans sa prison, explique les songes des deux affranchis du roi Pharaon. Leurs visages offrent l'expression des sentimens divers que fait naître en eux la prophétie du jeune Israelite.

Tab. — Arch. — T. — 14 = 17.

106 *. LEPRINCE (Léopold). — Deux soldats ayant reçu du comte de Palzo l'ordre de précipiter Alberty dans le torrent du Mont-Sauvage, y attendent leur victime qu'ils semblent apercevoir.

(Tiré du Solitaire, Opéra-comique.)

Tab. — Pay. — T. — 12 = 15.

107. LEPRINCE (Léopold). — Vue du pont de Batigny dans la forêt de Compiègne. Un villageois y amène ses vaches; l'une d'elles a descendu la côte pour s'abreuver au ruisseau du pont.

Tab. — Pay. — T. — 11 = 15.

108. Le même. — Intérieur d'une forêt baignée par les eaux d'une mare pluviale. Un pâtre assis sur l'herbe y garde une vache. On distingue une villageoise dans une clairière lointaine.

Tab. — Pay. — T. — 12 = 15.

109. LEROY DE LIANCOURT. — Une jeune fille, le coude appuyé sur une table, vient de lire la fable de La Fontaine intitulée : l'*Enfant et le Maître d'école*. Sa petite tête semble occupée à en saisir le sens moral.

Tab. — Fig. — T. — 17 = 14.

110. LORIMIER. — Site montagneux traversé par un fleuve couvert d'un grand pont de pierres orné d'une statue. Des bateliers se reposent sur la rive tandis qu'une jeune vivandière donne à boire à un hussard. (Figures de Taunay.)

Tab. — Pay. — T. — 11 — 3 = 15.

111. LUTZEN. — Une belle matinée se lève sur un paysage riant, orné de quelques habitations isolées, et baigné par un ruisseau champêtre. Un pâtre le passe à gué avec un chien et quelques moutons. Vers la droite, à l'ombre d'une côte rapide et boisée, un couple assis converse.

Tab. — Pay. — B. — 14 — 8 = 21 — 8.

112 *. MALBRANCHE. — Intérieur d'un temple catholique. Une jeune femme occupe le tribunal de la pénitence. Deux sœurs de charité se recueillent à genoux en attendant leur tour.

Tab. — Arch. — T. — 15 = 12.

113. MALLET (J.-B.). — La veuve éplorée d'un preux conduit son enfant au tombeau de son noble époux.

Tab. — Fig. — T. — 9 = 7.

114 *. Le même. — Un guerrier troubadour, de retour des combats, oublie les fatigues de la guerre dans les bras d'une épouse adorée.

Tab. — Fig. — B. — 12 = 15.

115. MÉLANIE *** (Mᵉˡˡᵉ).—Une branche de roses à cent feuilles, effleurée par des papillons.

Tab. — Fleurs. — B. — 11 = 8 — 6.

116 *. MEUNIER (Pierre-Louis). — Intérieur d'un bois. Des pâtres s'y reposent en faisant paître leurs troupeaux. A quelque distance d'une mare qui leur sert d'abreuvoir, on distingue la maison du garde forestier.

Tab. — Pay. — T. — 9 = 12.

117 *. Le même. Entrée d'un bois où deux troupeaux se rencontrent. A gauche, quelques lames d'eau vive s'échappent d'un rocher. (Figures de Duval).

Tab. — Pay. — T. — 12 = 15.

118. MEYNIER (Charles). — Androclès dans

l'arène, frappé de surprise et admirant la reconnais-
sance du lion qu'il avait guéri.

Tab. — Fig. — T. — 16 = 12 — 6.

119. MEYNIER. — Milon de Crotone, la main
prise au tronc d'arbre et se débattant de l'autre contre les attaques d'un lion vigoureux qui le dévore.

Tab. — Fig. — T. — 16 = 12 — 6.

120. MONTHÉLIER (A.-J.). — Ruine gothique
servant de passage. Une jeune fille chargée d'un
fardeau converse avec un ouvrier assis sur des débris d'architecture.

Tab. — Arch. — T. — 15 = 12.

121 *. MOZIN. — Grève maritime où des bâtimens sont au radoub. Des marchands de marée
attendent l'arrivée de quelques bâteaux pêcheurs
qu'on voit cingler vers la plage sur une mer légère-
ment agitée.

Tab. — Mar. — T. — 12 = 15.

122. NEUMITH (P.). — Une rivière navigable,
séparée en deux par une gare, traverse une petite
ville dont les riantes habitations bordent la rive.

Tab. — Pay. — B. — 10 = 14.

123 *. NORBLIN. — Étude en pied d'une femme
dans le costume romain de la classe marchande.

Tab. — Fig. — T. — 19 = 13 — 3.

124 *. LE MÊME. — Étude en pied d'une vieille
femme du peuple, à Rome.

Tab. — Fig. — T. — 18 — 9 = 13 — 6.

125. PALLIÈRE (Léon).—Ruine romaine d'après nature, au milieu des vestiges d'un monastère ; un religieux les visite.

Tab. — Arch. — T. — 11 = 8.

126 *. PAU-DE-SAINT-MARTIN (Alexandre). — Passage d'un gué à l'entrée d'un bois par des paysans et leurs bestiaux.

Tab. — Pay. — T. — 12 = 15.

127 *. PERNOT (F.-A.). — Chapelle isolée sur le bord d'un torrent. Deux ermites s'approchent d'une pierre tumulaire, tandis que vers la gauche, un vieillard assis au pied d'une croix rustique quitte une pieuse lecture et se livre à la méditation.

Tab. — Pay. — T. — 14 = 17.

128. PREVOST (Pierre). — Vallée fertile baignée par une rivière au bord de laquelle se reposent des bateliers. A gauche, sur un chemin montueux, un officier de cavalerie demande à boire à une paysanne.

Tab. — Pay. — T. — 14 — 18.

129. REGNIER (J.-A.).—Vue de la côte de Pourville, sur le bord de la mer. Ce tableau a fait partie de l'exposition du Louvre en 1822, sous le n° 1067 de la notice.

Tab. — Mar. — T. — 10 — 3 = 17.

130. Le même. — Une procession rentre à l'église après avoir fait le tour du village. Un moine

asperge un couple villageois qui s'incline devant lui.

Tab. — Pay. — T. — 12 = 9.

131. REGNIER. — Intérieur de la basse-cour d'une chaumière en ruines attenant à des bâtimens rustiques plus élevés et mieux entretenus. Une villageoise entre au logis avec une hottée de légumes sur le dos. Un chien jappe après elle.

Tab. — Pay. — T. — 11 = 14 — 6.

132 *. RENOUX. — La lune se lève sur un étang dont les eaux viennent former canal jusque sous le vestibule d'un château habité. La lueur d'une lampe placée sur l'escalier à gauche vient frapper les premiers plans.

Tab. — Arch. — T. — 17 = 14.

133 *. LE MÊME. — Intérieur de l'abbaye dite des Sept-Fonts, située à quelques lieues de Bourbon-Lancy, et dont l'institution est presque semblable à celle de la Trappe.

Tab. — Arch. — T. — 17 = 14.

134 *. LE MÊME. — Un religieux, assis dans une des galeries de son couvent, distribue des subsistances aux pauvres.

Tab. — Arch. — T. — 17 = 14.

135. LE MÊME. — Raoul de Coucy, prêt à suivre Philippe-Auguste, reçoit une écharpe blanche des mains de Gabrielle de Vergy.

Tab. — Arch. — T. — 20 = 17.

136 *. RENOUX. — Intérieur de la galerie prin-
cipale d'un château gothique. Une châtelaine s'y
promène.

Tab. — Arch. — T. — 15 = 12.

137. SCHAAL (J.-L.). — Moulin à eau entre une
ruine restaurée et le regard d'un aquéduc souterrain
qui conduit l'eau dans une rivière voisine. Le meunier, aidé d'un bûcheron, charge un sac de farine
sur le dos d'un mulet.

Tab. — Pay. — T. — 12 — 9 = 17 — 9.

138. SENAVE. — Intérieur d'un hangar de ferme ; une femme y savonne. Des enfans autour d'elle
font des bulles de savon, tandis qu'un pauvre y demande l'aumône.

Tab. — Arch. — B. — 6 — 6 = 5.

139 *. STORELLI (F.-M.-F.). — Sur une monti-
cule au pied de laquelle coule une rivière qui forme
cascade sur le premier plan, des bergers conversent
en gardant leurs troupeaux épars sur le penchant
d'un coteau.

Aquarelle. — Pay. — 16 = 20 — 6.

140. SWEBACH (Édouard). — Un domestique
russe, arrêté près d'une chaumière, y panse son
cheval.

Tab. — Fig. et Pay. — T. — 6 = 8.

141 *. TANNEUR. — Hangar ouvert sur une
plage maritime. Il paraît destiné au radoub des ba-

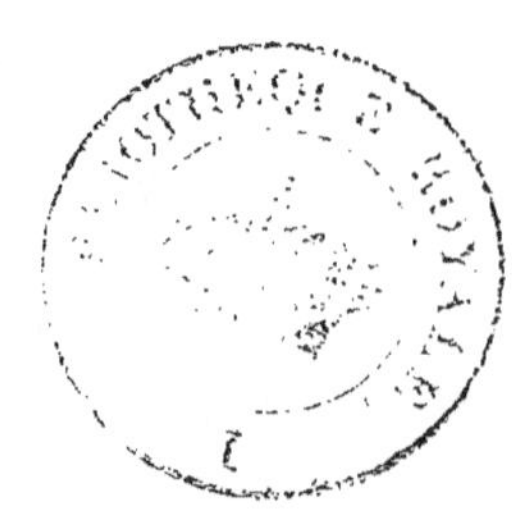

teaux pêcheurs. Des matelots y conversent avec une femme du pays.

Tab. — Mar. et Arch. — T. — 17 = 21.

142. TAUNAY (Nicolas-Antoine). — Site boisé arrosé par un ruisseau, et flanqué de rochers hérissés de sapins. Un pâtre y garde trois vaches.

Tab. — Pay. — B. — 5 — 11 = 10.

143 *. TRUCHOT. — Un jeune étranger visitant l'abbaye de Soissons est conduit dans la salle basse qui servit de prison à Louis-le-Débonnaire par le concierge dont le geste semble dire : *C'est là qu'il mourut !...*

Tab. — Arch. — T. — 16 — 6 = 12 — 6.

144 *. Le même. — A l'entrée d'une abbaye en ruines, un chevalier assis à terre, et la tête appuyée sur le revers de sa main, semble livré à de tristes pensées. On distingue dans l'éloignement deux jeunes dames qui se dirigent vers lui.

Tab. — Arch. — T. — 15 = 12.

145 *. Le même. — Couloir d'un couvent. Un moine y est agenouillé devant un bas-relief représentant un sujet pieux.

Tab. — Arch. — T. — 15 = 12.

146. VANDERBURCH (A.-J.-E.). — Site d'Italie flanqué de rocs boisés, dominé par quelques fabriques lointaines, et traversé par un grand aquéduc

romain à double rang d'arches. Un pâtre y garde des chèvres et des moutons.

Tab. — Pay. — T. — 13 = 19 — 4.

147. VANDER-BURCH. — Site agreste avec fabriques et rochers. Un pêcheur d'écrevisses jette son appât dans un ruisseau au bord duquel sa ménagère tend une ligne.

Tab. — Pay. — T. — 13 = 19 — 4.

148. VANGORP. — Intérieur du ménage d'un artisan italien. L'enfant chéri de la maison vient de sortir du bain ; il est sur les genoux de sa mère, vers laquelle il tend ses petits bras. Les deux sœurs et le fiancé de l'une d'elles sont présens à cette scène.

Tab. — Fig. — T. — 12 = 15.

149 *. VIJONO. — Vue du château Saint-Ange, prise des bords du Tibre, à Rome.

Tab. — Arch. — T. — 9 — 6 = 12 — 5.

150 *. WATELET (Louis-Étienne.) — Arrêtés en pleine forêt, sur le bord d'un ruisseau, deux braconniers y sont aux écoutes.

Tab. — Pay. — T. — 15 = 12.

151 *. Le même. — A la sortie d'un bois bordé par de riches prairies, et non loin d'un ruisseau d'eau vive, des voyageurs espagnols s'arrêtent devant une bergère couchée au pied d'un arbre et gardant un agneau.

Tab. — Pay. — T. — 9 = 12.

152. Plusieurs tableaux sous ce numéro.

153. Dessins anciens et modernes sous ce numéro.

154. Beaucoup de bordures dorées, neuves et d'occasion.

155. Divers objets de fantaisie propres à être donnés pour étrennes, et notamment une TRÈS-JOLIE HARPE D'ENFANT.

FIN.